누구도 배우는

사회성
쑥쑥
화용언어
치료

2

만화로 배우는

사회성 쑥쑥 화용언어 치료

최소영, 허은경 지음

2

이담
Books

책을 내면서

사회성이라는 단어는 그 중요성만큼이나 최근 전문가들, 교육자들, 부모님들에게 큰 화제가 되고 있습니다. 사회성은 어떤 단일한 영역이라기보다는 언어, 인지, 정서 등의 토양 위에 좋은 환경과 교육의 햇살을 받아 자라나는 나무와도 같습니다. 사회성은 적절한 언어기술 위에서 자라나고, 잘 자라난 사회성은 언어로 표현됩니다. 그렇기 때문에 언어의 사용, 즉 화용언어는 매우 중요합니다. 예를 들어, 아이가 친구에게 인사를 하는 지극히 기초적인 과정 속에서도 아이는 어떤 표정으로 어떤 말을 건네며 인사를 해야 할지를 고민해야 합니다. 친구가 간단한 질문이라도 던지면, 대화를 더 이어갈 수 있고 인상을 좋게 하며 관심을 표현할 수 있는 방식으로 대답을 고민해야 합니다. 이처럼 복잡한 소통의 터널을 통과하면서 아이들이 어려움을 겪을 때, 부모와 교사는 아이들에게 다양한 상황들을 유연하게 처리할 수 있는 전략을 가르쳐 주어야 합니다. 이 책을 그런 아이들과 부모, 교사를 위해 드립니다. 이 책이 화용언어가 부족한 아이들이 성장하는 데 디딤돌이 될 수 있길 바랍니다.

목차

책을 내면서 • 4

본 교재의 특징 • 6

이렇게 사용하세요 • 7

잘 모르겠어요 • 10

화장실에 가고 싶어요 • 22

복도에서 친구가 넘어졌어요 • 34

회장으로 친구를 추천해요 • 46

회장이 되고 싶어요 • 58

부록 손인형 • 71

본 교재의 특징

본 교재에서는 학령기가 된 아이들이 마주할 수 있는 상황들을 만화로 제시하고, 그 상황에 맞는 적절한 말과 행동들을 연습해 볼 수 있도록 하였습니다.

재미있습니다.

'공부', '수업'이라는 말만 들어도 배가 아프고 등이 가려워 오는 아이들에게 만화로 제공되는 교재는 흥미와 학습동기를 끌어올려 줄 것입니다. 또한 낙서판, 줄 긋기, 자르고 붙이기, 손인형 역할극 등의 다양한 활동으로 복습할 수 있도록 과제를 구성하여 학습의 재미를 더하였습니다. 즐겁게 배우고, 또 기다려지는 수업이 아이들의 생각과 마음을 한 뼘 더 자라게 할 것입니다.

쉽습니다.

책읽기나 어른들의 설명을 통한 배움은 활자나 언어를 이해하는 과정을 거쳐야 합니다. 언어능력·인지능력에 어려움이 있는 아이들에게는 그러한 방식의 배움에서 심리적인 부담감이 더 커질 수밖에 없겠지요. 만화로 제공되는 교재는 언어를 이해하는 복잡한 과정에 대한 부담을 줄이고, 시지각을 통하여 직접적이고 편안하게 상황을 인식할 수 있도록 아이들을 도와줄 것입니다.

실제적입니다.

호랑이를 잡으려면 호랑이 굴로, 대화를 배우려면 대화 속으로 들어가 보는 것이지요. 만화로 제공되는 교재는 대화체의 문장을 사용하므로, 아이들이 자연스러운 구어문장을 배우고 대화능력을 기르는 데 도움이 될 것입니다. 또한 '말하기'에 초점을 맞춘 복습과제와, 아이 스스로 자가점검을 할 수 있도록 돕는 체크리스트 등을 수록하여 좀 더 실제적으로 생활에 적용할 수 있는 교육을 제공하도록 하였습니다.

이렇게 사용하세요

본 책은 다양하고 재미난 활동들로 구성되었습니다. 다음의 활용 방법을 참고해 아이와 재미있게 이야기를 나누면서 아이의 사회성을 길러 주세요.

1 상황 설명

만화 에피소드의 제목을 소개하여 주제를 이해하도록 도움을 줍니다. 또한 만화의 배경에 대한 상황과 주인공들에 대한 짧은 이야기가 수록되어 있습니다. 만화를 보기 전에 아이가 내용에 대해 이해하고 생각해 볼 수 있게 도와주세요. 읽기를 싫어하거나 지루해한다면, 억지로 모든 상황을 읽어 주지 않으셔도 됩니다. 만화는 쉽게 구성되어 있어 배경 상황을 잘 모르더라도 내용을 충분히 이해할 수 있으니 주인공들의 이름 정도만 알려 주셔도 괜찮습니다.

2 만화 읽기

학교에서 벌어질 수 있는 다양한 상황을 주제로 한 재미있는 6컷의 만화들입니다. 읽는 순서는 왼쪽에서 오른쪽으로 읽으시면 됩니다. 만화에는 생각풍선과 말풍선이 있습니다. 생각풍선의 말은 속으로만 생각하는 것이라고 아이에게 설명해 주세요. 아이가 생각하는 대로 재미있게 말풍선을 채워 보시고 나중에 모범 답안과 비교해 보는 것도 좋습니다. 하지만 아이가 잘 생각해 내지 못하거나 틀린다고 해도 우선은 만화 내용을 이해하고 즐기는 것에 중점을 두고 진행해 주세요.

3 빈칸에 들어갈 말 생각하기

앞의 만화의 빈칸에 들어갈 말들을 생각해서 문제를 풀어 보는 활동입니다. 각 질문에 따라서 만화에 들어갈 적절한 말을 다섯 가지 예시 중에서 찾아보게 해 주세요. 그리고 정답이 아닌 다른 네 가지 답은 왜 틀렸는지를 생각하고 이야기해 보도록 해 주세요. 정답이 아닌 네 가지 보기는 엉뚱하거나, 친구의 감정을 상하게 하는 등의 이유로 옳지 못한 표현임을 알려 주세요. 여러 가지 답과 정답을 고려하여 아동의 말로 바꾸어 표현해 보도록 지도해 주세요.

4 이야기 만들기

　화용언어 및 또래 관계에 매우 중요한 것 중 하나가 이야기 말하기 능력입니다. 앞의 만화 내용을 보기에 주어진 단어들을 사용하여 다시 말해 보도록 지도해 주세요. 점수를 매기어 활용하시면 아이들에게 동기를 심어 주어 즐겁게 활동하실 수 있습니다. 점수는 개인적으로 주셔도 됩니다. 저희가 제안하는 점수 가이드라인은 다음과 같습니다. 각 단어를 사용하면 +10점, 모든 단어를 사용할 시 +70점, 문법을 잘 맞추어 구성했을 때 +10점, 이야기 내용과 일치하면 +10점, 요약하여 쓰기를 완성하면 +10점, 총 100점입니다.

5 이해와 적용 질문들

　만화의 내용을 잘 이해하고 있는지 확인하고, 만화의 내용을 개인적으로 적용해 보는 것을 도와주는 질문입니다. 아이들이 만화에 나온 사회적 개념들을 이해하고 있는지를 확인해 보시고 모르는 부분을 알려 주세요. 자신의 이야기를 해 보는 것을 통해 과거의 경험을 회상하면서 앞으로 어떻게 할지도 생각해 보도록 도와주세요. 아이가 지루해할 수 있는 부분이니 칭찬 등의 강화를 사용해 아이가 즐겁게 문제에 답해 볼 수 있도록 도와주세요.

6 다양한 활동들(선 긋기, 체크리스트, 질문 등)

　만화의 내용을 직접 적용해 볼 수 있는 재미난 활동들로 구성되어 있습니다. 지시에 따라서 다양하게 활동해 보세요. 선 긋기, 올바르게 말하는 친구 찾기 등의 활동을 통해 상황에 적절하게 말하는 능력을 길러 주세요. 체크리스트는 작게 오려서 지니고 다니면서 직접 해당 상황에서 도움을 받을 수 있도록 하시면 좋습니다. 이야기들은 함께 읽어 보면서 아이가 어떤 상황에서 어떻게 활동하면 좋을지를 함께 생각해 보세요. 지나치게 공부하는 느낌이 들지 않도록 진행해 주세요.

7 역할극 스크립트

　주제에 맞게 적절한 대화 상황을 스크립트 형식으로 제시하였습니다. 아이들이 미리 그 상황에 대해서 생각해 보고 상황에 적절하게 대화하는 법을 연습하는 것을 통해 사회성을 기를 수 있도록 구성하였습니다. 아이와 성인이 번갈아 가며 역할극을 재미있게 해 보세요. 아래 있는 빈칸을 채우며 적절한 말뿐 아니라 제스처나 표정 같은 비언어적인 단서도 알아볼 수 있는 시간을 가지도록 도와주세요. 역할극에 사용할 수 있는 손인형을 부록에 제공합니다.

8 만약 이런 상황이면 어떻게 할래?

아이가 사회 속에서 접하게 될 만한 다양한 상황들을 제시했습니다. 아이가 상황을 이해하고, 어떤 생각이 들지, 어떤 말과 행동을 할 것인지를 미리 생각해 보게 도와주세요. 먼저 공부해 본 상황을 접하게 될 때 아이는 덜 당황하게 되고 더 지혜롭게 행동하게 됩니다. 그림을 따로 잘라 카드로 만들어 쓰셔도 좋습니다. 아이에게 그림을 보여 주며 상황질문을 주시고 다양한 해결 방법을 떠올려 보도록 도와주세요. 필요하다면 직접 역할극을 해 보셔도 좋습니다.

9 빈칸 만화 만들기

만화 내용을 생각하며 그대로 다시 구성해 보아도 좋고 아니면 새로운 이야기를 생각해 내도 좋습니다. 어떤 생각과 행동, 그리고 말이 적절할지를 스스로 떠올리게 해 주세요. 미리 말풍선을 채워 주시고 어떤 생각으로 그렇게 말을 했는지를 찾아보게 하시는 것도 매우 재미있습니다. 아이들은 자신의 생각을 어떻게 표현해야 할지도 어려워하지만, 타인의 말을 듣고 타인이 어떤 생각을 하고 있는지를 파악하는 것도 어려워하므로 아이의 필요에 따라 지도해 주세요.

10 보너스 페이지/ 담벼락에 낙서하기/ 답

만화 내용을 생각하며 총정리 및 마무리를 할 수 있게 담벼락에 낙서해 보는 활동을 구성하였습니다. 아이가 진짜 낙서를 하듯 그림이나 글씨를 쓰면서 이야기에서 배운 내용들을 정리해 보도록 도와주세요. 또한 아이들이 머리를 식힐 수 있게 다양하고 재미난 내용들로 구성하였으니 아이들이 재미있게 완성해 볼 수 있도록 도와주세요. 이 페이지 하단에는 객관식 문제의 답이 소개되어 있으므로 아이가 답안을 먼저 보고 문제를 풀지 않도록 지도해 주세요.

더 궁금한 점이 있으시거나 도움말이 필요하시다면, 언제든지 주저 말고 예꿈까페를 찾아 주세요. 예꿈까페는 예쁜 꿈을 꾸고 그 꿈을 이루어가는 언어치료사, 선생님, 부모님들이 모여 정보 및 자료 공유, 스터디 등을 통해 전문성을 구축해 가는 공동체랍니다.

http://cafe.naver.com/jdreamchildren

잘 모르겠어요

오늘 1교시는 수학 시간이에요.

수학 시간에 시계를 읽는 방법을 배워요.

선생님은 칠판에 시계를 그려 가며

열심히 설명해 주시지만

예리는 무슨 말인지 하나도 모르겠어요.

시계를 읽는 법은 너무 어려워서

머리가 아플 지경이에요.

짝꿍 주원이는 잘 이해가 되는지

선생님 말씀을 열심히 듣고 있어요.

다음 만화를 읽고 빈 말풍선을 채워 보세요.

문제 풀기

만화 내용을 기억하며 다음 질문에 답해 보세요.

1. 예리는 모르는 문제가 있어서 짝에게 물어보려고 해요. 어떻게 말하는 것이
   가장 좋을까요?

① 똑똑한 척하지 마!

② 답을 베끼게 네 거 보여 줘 봐.

③ 연필 좀 빌려 줄래?

④ 혹시 이 문제 어떻게 푸는지 아니? 좀
   알려 줘.

⑤ 수학 공부는 정말 재미없어.

1-1. 정답이 아닌 네 가지 말은 왜 옳지 않은지 이유를 말해 보세요.

1-2. 내가 예리라면 어떻게 말을 할지 적어 보세요.

----

2. 주원이도 예리가 물어본 문제의 답을 몰라요. 뭐라고 말하는 것이 좋을까요?

① 답은 2번이야.

② 그건 나도 잘 모르겠어. 미안.

③ 나한테 왜 물어보는 거야?

④ 혼자서 풀어야지!

⑤ 나 이 문제 좀 가르쳐 줄래?

2-1. 정답이 아닌 네 가지 말은 왜 옳지 않은지 이유를 말해 보세요.

2-2. 내가 주원이라면 어떻게 말을 할지 생각해 보세요.

3. 주원이는 모르는 문제를 선생님께 물어보고 싶어요. 뭐라고 말하는 것이 좋을까요?

① 선생님, 예리가 말 시켜요.

② 이거 답이 뭐야?

③ 저 화장실 다녀올게요.

④ 선생님, 잘못했어요.

⑤ 선생님, 질문이 있어요.

생각 더하기

만화의 내용들을 회상하며 생각을 키워 봅시다.

1. 아래의 단어들을 넣어서 수학 시간의 이야기를 다시 말해 보세요. 이야기에 사용한 단어에는 X표를 해 보세요. 다 했다면 이야기를 요약하여 다시 써 보세요.

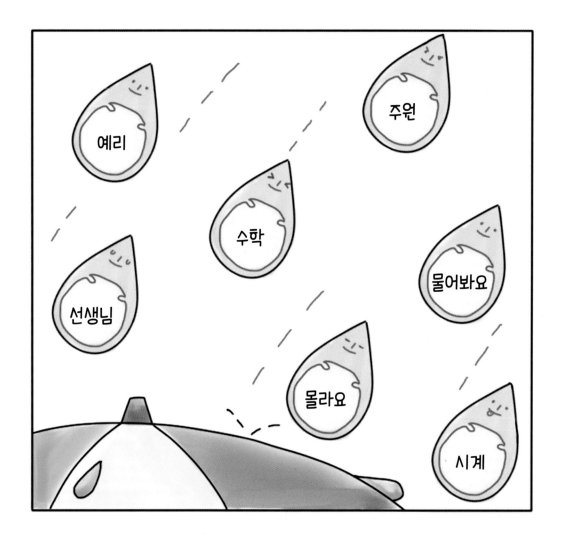

----

2. 수업 시간에 이해가 잘 되지 않아 몰랐던 것들을 떠올리면서 다음 질문에 답해 보세요.

1) 수업 시간에 선생님 말씀을 이해하지 못하면 기분이 어떤가요?

----

2) 선생님께서 내 주신 문제가 어려울 때는 어떻게 할까요?

----

3) 만약 친구가 나에게 어떤 문제를 물어봤는데 내가 그 문제의 답을 모를 때는 어떻게 할까요?

----

4) 수업 시간에 이해가 안 되었거나, 너무 어려웠거나, 끝까지 풀 수 없는 문제가 있었다면 이야기해 보세요.

한 걸음 더

모르는 것이 있거나 공부가 어려운 것은
부끄러운 일이 아니란다.

사람마다 잘하는 것과 못하는 것이 있지.
모든 것을 다 잘하는 사람은 없단다.

젓가락질을 하는 것이나 자전거를 타는 것처럼
공부하는 것도 처음부터
잘하지 못할 수도 있어.

어려운 것도 포기하지 않고
여러 번 연습해 보렴.
그리고 어른들이나 친구들에게
도와 달라고 말해 봐.

힘을 내서 도전해 봐!
응원할게!

16

학교에서 배우는 수업이 어려울 때는 아래 내용을 보면서 함께 공부해 보세요.
잘 실천했다면 빈칸에 웃는 얼굴을, 잘하지 못했다면 우는 얼굴을 그려 보세요.

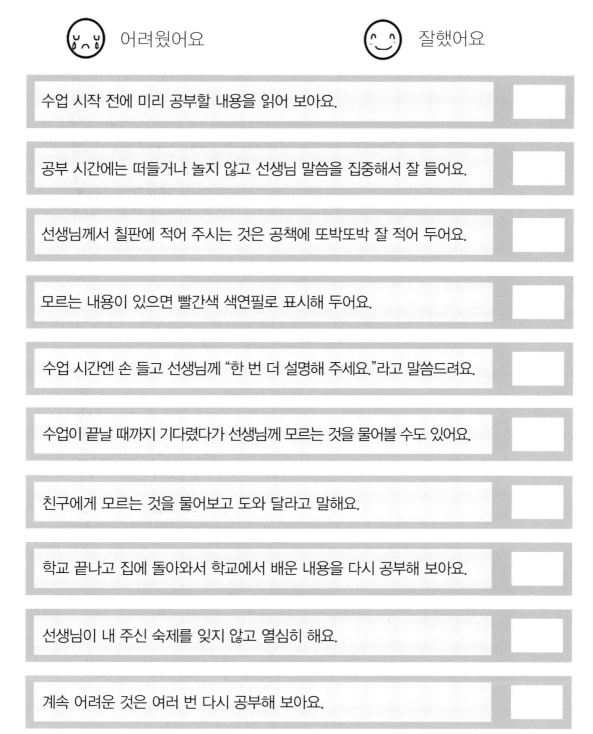

어려웠어요

잘했어요

수업 시작 전에 미리 공부할 내용을 읽어 보아요.

공부 시간에는 떠들거나 놀지 않고 선생님 말씀을 집중해서 잘 들어요.

선생님께서 칠판에 적어 주시는 것은 공책에 또박또박 잘 적어 두어요.

모르는 내용이 있으면 빨간색 색연필로 표시해 두어요.

수업 시간엔 손 들고 선생님께 "한 번 더 설명해 주세요."라고 말씀드려요.

수업이 끝날 때까지 기다렸다가 선생님께 모르는 것을 물어볼 수도 있어요.

친구에게 모르는 것을 물어보고 도와 달라고 말해요.

학교 끝나고 집에 돌아와서 학교에서 배운 내용을 다시 공부해 보아요.

선생님이 내 주신 숙제를 잊지 않고 열심히 해요.

계속 어려운 것은 여러 번 다시 공부해 보아요.

역할극 대본

다음 대화를 보고 손인형으로 역할극을 해 보세요.

대본을 읽고 내가 배우가 된 것처럼 말해 보세요.

 가영: 나 이거 잘 모르겠어. 너 알아?

 재민: 어떤 거? (고개를 갸우뚱하며) 음…… 이건…….

 가영: 너 알면 좀 가르쳐 줘.

 재민: 이건 나도 잘 모르겠다.

 가영: (곤란한 표정으로) 그래? 그럼 어쩌지…….

 재민: (문제없다는 듯이) 선생님께 다시 설명해 달라고 말씀드리자.

빈칸을 채워서 대본을 말해 보세요.

나: (_____) 아휴, 이 문제가 너무 어려워.

친구: 나는 풀었는데. _____?

나: 응! 고마워. 좀 알려 줘.

친구: (_____) 이렇게 풀면 되는 거야.

나: _____.

친구: 뭘~ 다음에 또 모르는 것 있으면 물어봐.

만약에 이런 일이

만약에 이런 일이 일어난다면 나는 어떻게 할까요?

다음 상황을 읽고 빈칸을 채워서 문장을 만들어 읽어 보세요.

수업 시간에 모르는 내용이 있어서 친구에게 물어봤어요.
그런데 친구가 알려 줘도 내용을 잘 모르겠어요.

그러면 나는 _____ 생각이 날 것 같아요.

_____ 기분이 들 것 같아요.

그리고 나는 _____ 표정으로 " _____ "라고 말할 거예요.

그리고 이런 행동을 할 거예요. _____

19

배운 내용을 생각하며 만화 내용을 채워 보세요.

정답 및 쉬어 가는 페이지

배운 내용을 생각하며 생각나는 대로 낙서해 보세요.

12쪽 문제 1번: ④ 혹시 이 문제 어떻게 푸는지 아니?(후략)

13쪽 문제 2번: ② 그건 나도 잘 모르겠어. 미안.

13쪽 문제 3번: ⑤ 선생님, 질문이 있어요.

화장실에 가고 싶어요

예리에게 수학은 너무 어려워요.

게다가 어제 밤늦게까지

텔레비전을 보느라 잠을 잘 못 잤어요.

그래서인지 수학 수업 시간에

집중이 안 되고 자꾸만 잠이 왔어요.

어느새 수업 시간이 끝나고 쉬는 시간이 되었어요.

예리는 화장실에 가고 싶기도 했지만

너무 졸려서 쉬는 시간에 잠깐이라도

엎드려서 잠을 자고 싶어요.

다음 만화를 읽고 빈 말풍선을 채워 보세요.

문제 풀기

만화 내용을 기억하며 다음 질문에 답해 보세요.

1. 예리는 쉬는 시간에 잠깐 자려고 해요. 쉬는 시간이 끝나면 친구에게 깨워달라고 하고 싶어요. 뭐라고 말하면 좋을까요?

① 너 그만 좀 졸아.

② 같이 화장실에 갈래?

③ 나는 너무 졸려.

④ 선생님 오시면 깨워 줄래?

⑤ 나는 잠잘 테니 절대 깨우지 마.

1-1. 정답이 아닌 네 가지 말은 왜 옳지 않은지 이유를 말해 보세요.

1-2. 내가 예리라면 어떻게 말을 할지 적어 보세요.

----

2. 예리는 수업 시간에 화장실에 가고 싶어졌어요. 선생님께 뭐라고 말씀드리는 것
   이 가장 좋을까요?

① 선생님, 저 모르는 것이 있어요.

② 앞이 잘 안 보여요.

③ 화장실 좀 다녀와도 될까요?

④ 여기 냄새가 나요.

⑤ 수업을 빨리 끝내면 안 돼요?

2-1. 정답이 아닌 네 가지 말은 왜 옳지 않은지 이유를 말해 보세요.

2-2. 내가 예리라면 어떻게 말을 할지 적어 보세요.

----

3. 다음 중 수업 시간에 선생님께 허락을 받아야 할 행동은 어떤 것일까요?

① 공책을 한 장 넘기고 싶어요.

② 책 귀퉁이에 낙서를 하고 싶어요.

③ 지우개로 틀린 부분을 지우고 싶어요.

④ 배가 아파서 잠깐 엎드려 있고 싶어요.

⑤ 꾸벅꾸벅 졸고 싶어요.

생각 더하기

만화의 내용들을 회상하며 생각을 키워 봅시다.

1. 아래의 단어들을 넣어서 예리의 쉬는 시간 이야기를 다시 말해 보세요. 이야기에 사용한 단어에는 X표를 해 보세요. 다 했다면 이야기를 요약하여 다시 써 보세요.

---

2. 수업 시간에 화장실에 가고 싶었던 날을 떠올리면서 다음 질문에 답해 보세요.

1) 화장실은 언제 가는 것이 좋은가요?

----

2) 수업 시간에 화장실에 가고 싶을 때 걱정되는 점은 무엇인가요?

----

3) 쉬는 시간에 할 수 있는 일과, 오늘 내가 쉬는 시간에 한 일을 이야기해 보세요.

----

4) 화장실에 가고 싶은데 참았던 적이 있나요? 기억에 남는 일을 말해 보세요.

한 걸음 더

이럴 때는 화장실에 다녀와요.

수업 시작 전과 같은
쉬는 시간에
화장실에 다녀와요.

긴장을 했거나
물을 많이 마셨다면
쉬는 시간에 화장실에 다녀와요.

시험을 치를 때에는
중간에 나갈 수 없으니
미리 화장실에 다녀오세요.

손이 더러워졌을 때
씻기 위해서 쉬는 시간에
화장실에 다녀와요

화장실에 다녀올 때는 다음을 기억하세요.

네/아니오

화장실에 다녀와도 괜찮은 쉬는 시간인지 확인했나요?	
쉬는 시간이 충분히 남아 있나요?	
화장실이 어디인지 알고 있나요?	
남자 화장실과 여자 화장실을 잘 확인하고 들어갔나요?	
화장실에 친구들이 많다면 줄을 서서 차례를 기다렸나요?	
내가 들어가는 칸의 변기가 깨끗한지 확인했나요?	
내가 들어가는 칸에 휴지가 있는지 확인했나요?	
휴지가 없다면 옆 칸에 남은 휴지가 있는지 확인했나요?	
변기의 물을 내렸나요?	
휴지로 깨끗이 닦았나요?	
휴지를 휴지통에 버렸나요?	
손을 물로 깨끗하게 닦았나요?	
손의 물을 휴지나 드라이어로 말렸나요?	

역할극 대본

다음 대화를 보고 손인형으로 역할극을 해 보세요.

대본을 읽고 내가 배우가 된 것처럼 말해 보세요.

 호연: (나경이를 흔들어 깨우며) 나경아, 일어나.

 나경: (졸린 눈을 뜨며) 벌써 수업 시작이야?

 호연: 응, 선생님 오셨어. 잠 깼니?

 나경: 응. 그런데…… (얼굴을 찌푸리며) 나 화장실 가고 싶은데…….

 호연: 많이 급해? 그럼 선생님께 허락받고 다녀와.

 나경: 그래야겠다.

빈칸을 채워서 대본을 말해 보세요.

 나: (_____) 선생님 오셨어.

 친구: (눈을 비비고 일어나면서) 더 자고 싶은데…….

 나: (안타까운 표정으로) 어젯밤에 푹 못 잤어?

 친구: 많이 잤는데두 또 졸려. 그런데 지금 화장실 갔다 와도 될까?

 나: _____.

 친구: 그래야겠다.

만약에 이런 일이

다음 상황을 읽고 빈칸을 채워서 문장을 만들어 읽어 보세요.

짝꿍이 자꾸만 졸아요. 수업 시간에는 꾸벅꾸벅 졸더니
쉬는 시간에는 아예 엎드려서 자요.
짝꿍이 자꾸 잠만 자니까 얘기도 나눌 수 없어요.

그러면 나는 _____ 생각이 날 것 같아요.

_____ 기분이 들 것 같아요.

그리고 나는 _____ 표정으로 " _____ "라고 말할 거예요.

그리고 이런 행동을 할 거예요. _____

배운 내용을 생각하며 만화 내용을 채워 보세요.

정답 및 쉬어 가는 페이지

배운 내용을 생각하며 생각나는 대로 낙서해 보세요.

24쪽 문제 1번: ④ 선생님 오시면 깨워 줄래?

25쪽 문제 2번: ③ 화장실 좀 다녀와도 될까요?

25쪽 문제 3번: ④ 배가 아파서 잠깐 엎드려 있고 싶어요.

복도에서 친구가 넘어졌어요

예리는 선생님께 허락을 받고

화장실에 갔다가

교실로 돌아가고 있었어요.

복도를 걷고 있는데

반대편에서 걸어오는 아이가

휴대폰을 보느라

복도에 고여 있는 물을

미처 보지 못하고 밟아서

미끄러져 버렸어요.

다음 만화를 읽고 빈 말풍선을 채워 보세요.

문제 풀기

만화 내용을 기억하며 다음 질문에 답해 보세요.

1. 예리는 복도에서 친구가 넘어지는 것을 보았어요. 예리는 친구에게 뭐라고 말하면
   가장 좋을까요?

① 쌤통이다~ 넘어졌대요~

② 너는 휴대폰 중독이니?

③ 괜찮아? 안 다쳤어?

④ 휴대폰은 괜찮니?

⑤ 너는 어디 가는 길이니?

1-1. 정답이 아닌 네 가지 말은 왜 옳지 않은지 이유를 말해 보세요.

1-2. 내가 예리라면 어떻게 말을 할지 적어 보세요.

2. 친구에게 떨어뜨린 물건을 찾아 주면서 하는 대화로 가장 좋은 것을 고르세요.

① A: 넌 참 칠칠치 못하다.　　　　B: 니가 무슨 상관이니?

② A: 너 휴대폰 줄 떨어뜨렸어.　　B: 떨어진 건 더러워. 너나 가져!

③ A: 이거 나한테 주는 거구나.　　B: 웃기지 마!

④ A: 이거 네 거 아니야? 떨어뜨렸어.　B: 아, 맞아! 고마워.

⑤ A: 너는 어디 가는 길이니?　　　B: 나는 화장실 가는 길이야.

2-1. 정답이 아닌 네 가지 말은 왜 옳지 않은지 이유를 말해 보세요.

2-2. 내가 예리나 넘어진 친구라면 어떻게 말할지 적어 보세요.

생각 더하기

만화의 내용들을 회상하며 생각을 키워 봅시다.

1. 아래의 단어들을 넣어서 친구가 넘어진 이야기를 다시 말해 보세요. 이야기에 사용한 단어에는 X표를 해 보세요. 다 했다면 이야기를 요약하여 다시 써 보세요.

----

2. 복도를 지나갈 때나 복도에서 있었던 일들을 떠올리면서 다음 질문에
   답해 보세요.

1) 복도에서는 무엇을 하나요?

----

2) 복도에서는 어떤 규칙들을 지켜야 할까요? 왜 지켜야 할까요?

----

3) 복도에서 규칙을 지키지 않으면 일어날 수 있는 일들은 무엇일까요?

----

4) 복도에서나 학교에서 규칙을 지키지 않아서 일어난 일이 있었나요? 가장 기억에
   남는 일을 말해 보세요.

한 걸음 더

복도에서 규칙을 지켜요.

다음 내용을 읽고 올바른 규칙과 올바르지 않은 규칙을 찾아 동그라미에 O, X를 적어 보세요.

| 복도에서 지나가는 친구들과 부딪히지 않으려면 | 우측통행을 해요. ◯ |
| | 빨리빨리 뛰어다녀요. ◯ |

| 복도에서 선생님이나 친구과 마주치면 | 또 만날 거니까 그냥 지나가요. ◯ |
| | 반갑게 인사해요. ◯ |

| 복도나 교실에서 공놀이를 하면 | 친구가 다칠 수 있어 위험해요. ◯ |
| | 친구들과 함께 공놀이해요. ◯ |

| 복도에서 시끄럽게 소리를 지르면 | 경찰서에 신고해요. ◯ |
| | 친구들에게 피해가 돼요. ◯ |

| 복도에서 친구들이 뛰다가 부딪혀서 다치면 | 양호실에 데려다 줘요. ◯ |
| | 친구들을 혼내 줘요. ◯ |

친구를 도와줄 때는 어떻게 말하면 좋을까요? 어울리는 내용이 되도록 줄로 이어
보세요.

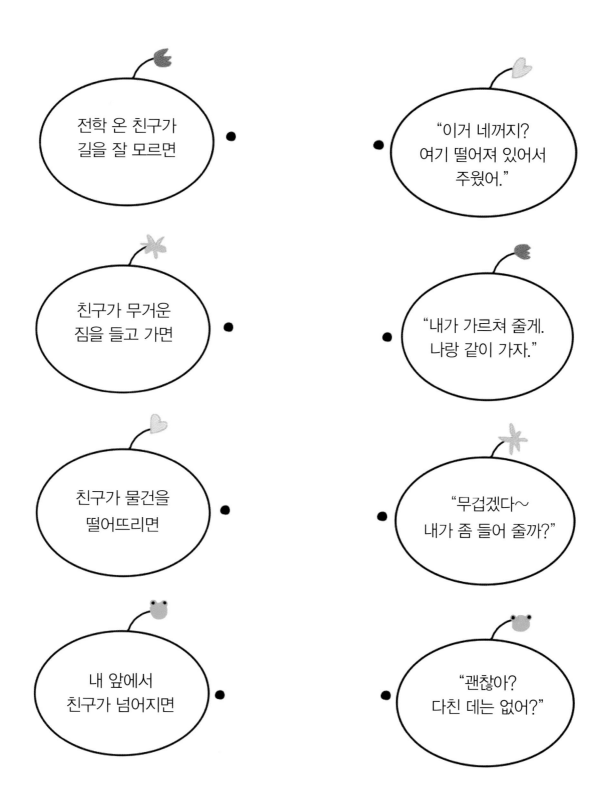

전학 온 친구가
길을 잘 모르면

"이거 네꺼지?
여기 떨어져 있어서
주웠어."

친구가 무거운
짐을 들고 가면

"내가 가르쳐 줄게.
나랑 같이 가자."

친구가 물건을
떨어뜨리면

"무겁겠다～
내가 좀 들어 줄까?"

내 앞에서
친구가 넘어지면

"괜찮아?
다친 데는 없어?"

역할극 대본

다음 대화를 보고 손인형으로 역할극을 해 보세요.

대본을 읽고 내가 배우가 된 것처럼 말해 보세요.

 지민: (쿵 넘어지며) 아야!

 희수: (놀란 표정으로) 지민아, 괜찮니?

 지민: 아…… 무릎 아파…….

 희수: (지민이를 일으켜 주며 걱정스러운 얼굴로) 어디 다쳤어?

 지민: 아니. 다친 데는 없어…….

 희수: 괜찮아서 다행이다.

빈칸을 채워서 대본을 말해 보세요.

 나: (넘어진 친구를 보고) 괜찮아? 다친 데는 없어?

 친구: (고통스러운 표정으로) 팔꿈치를 찍었어. 아…… 아파…….

 나: _____. 양호실에 가야겠다.

 친구: 나 양호실 어딘지 모르는데…….

 나: _____.

 친구: 고마워.

만약에 이런 일이

만약에 이런 일이 일어난다면 나는 어떻게 할까요?

다음 상황을 읽고 빈칸을 채워서 문장을 만들어 읽어 보세요.

함께 걸어 가던 친구가 갑자기
꽈당 하고 넘어졌어요.

그러면 나는 _____ 생각이 날 것 같아요.

_____ 기분이 들 것 같아요.

그리고 나는 _____ 표정으로 " _____ "라고 말할 거예요.

그리고 이런 행동을 할 거예요. _____

43

배운 내용을 생각하며 만화 내용을 채워 보세요.

정답 및 쉬어 가는 페이지

배운 내용을 생각하며 생각나는 대로 낙서해 보세요.

 36쪽 문제 1번: ③ 괜찮아? 안 다쳤어?

37쪽 문제 2번: ④ A: 이거 네 거 아니야? 떨어뜨렸어.

B: 아, 맞아! 고마워.

회장으로 친구를 추천해요

주은이는 예리의 짝꿍이에요.

주은이는 평소에 예리를 보면서

좋은 친구라고 생각하고 있었어요.

때때로 좋지 않은 모습을

보일 때도 있지만 그건 잠깐이에요.

선생님께서 회장이 되면 좋을 친구를

추천하라고 하셨어요.

주은이는 예리가 회장이 되면 좋겠다고

생각해서 예리를 추천하고 싶어요.

다음 만화를 읽고 빈 말풍선을 채워 보세요.

문제 풀기

만화 내용을 기억하며 다음 질문에 답해 보세요.

1. 주은이는 예리를 우리 반 회장으로 추천하고 싶어요. 추천하고 싶은 이유로 이야기
   하기에 좋은 내용과 좋지 않은 내용을 찾아 O, X로 표시해 보세요.

① 아픈 친구를 도와주는 친절한 태도 ······················ (   )

② 열심히 청소하는 모습 ····························· (   )

③ 예쁜 얼굴 ································· (   )

④ 더러운 행동 ······························· (   )

⑤ 시계 읽기를 매우 잘하는 것 ······················· (   )

⑥ 공부 시간에 잘 자는 것 ·························· (   )

⑦ 학원에 많이 다니는 것 ························· (   )

⑧ 넘어진 친구를 도와주는 착한 마음 ·················· (   )

2. 주은이가 예리를 회장으로 추천해요. 친구를 추천할 때 하는 말로 어떤 말이 가장 좋
   을까요?

① 선생님, 질문 있어요. 예리는 회장이 될 만한 친구인가요?

② 예리가 회장이 하고 싶은 것 같아요. 뽑아 주세요.

③ 저는 예리를 추천합니다. 그 이유는 예리는 더럽기 때문입니다.

④ 저는 예리를 추천합니다. 예리는 친구들을 잘 도와줍니다.

⑤ 저는 예리를 추천합니다. 예리는 저에게 과자를 잘 나눠 줍니다.

2-1. 정답이 아닌 네 가지 말은 왜 옳지 않은지 이유를 말해 보세요.

2-2. 내가 주은이라면 어떻게 말을 할지 적어 보세요.

--

생각 더하기

만화의 내용들을 회상하며 생각을 키워 봅시다.

1. 아래의 단어들을 넣어서 회장을 추천하는 이야기를 다시 말해 보세요. 이야기에 사용한 단어에는 X표를 해 보세요. 다 했다면 이야기를 요약하여 다시 써 보세요.

----

2. 학급에서 회장 선거하는 날을 떠올리면서 다음 질문에 답해 보세요.

1) 회장은 왜 뽑나요? 회장은 무슨 일을 하나요?

----

2) 친구들은 어떤 친구를 회장으로 추천하나요?

----

3) 내가 추천하고 싶은 친구가 있나요? 그 친구를 회장으로 추천할 때 학급 친구들에게
   할 수 있는 이야기를 생각해 보세요.

----

4) 친구를 회장으로 추천해 본 적이 있나요? 기억에 남는 일을 말해 보세요.

한 걸음 더

다음 중 어떤 친구가 회장이 되면 좋을까요? 회장이 되면좋겠다고 생각하는 친구에게는 O에, 회장이 안 되었으면 좋겠다고 생각하는 친구에게는 X에 동그라미 하세요. 그리고 왜 그렇게 생각했는지 이유를 말해 보세요.

후보 1번 김 지 훈

마음이 착해서 물건을 잘 빌려주고 친구들과 잘 싸우지 않아요.

가끔 쑥스러워할 때도 있지만 발표를 많이 하려고 노력해요.

후보 2번 허 은 지

따돌림당하는 친구와도 함께 놀고 도와주고 밥도 같이 먹어요.

수업 시간에 꾸벅꾸벅 졸아서 선생님께 혼나기도 해요.

후보 3번 양 기 석

힘이 세서 친구들이 무서워해요.
가끔 친구들과 싸워요.

체육을 잘해서 다른 반과 운동 경기할
때 늘 이기게 해 줘요.

후보 4번 한 예 빈

우리 반에서 얼굴이 제일 예뻐요.
남자 친구들이 모두 좋아해요.

돈이 많아서 맛있는 것을 사 줘요.
나하고 같은 학원에 다녀요.

후보 5번 나 으 뜸

우리 반에서 제일 공부를 잘해요.
수학 문제를 빨리 풀 수 있어요.

공부 못하는 친구들과 놀지 않아요.
가끔 거짓말을 하기도 해요.

역할극 대본

다음 대화를 보고 손인형으로 역할극을 해 보세요.

대본을 읽고 내가 배우가 된 것처럼 말해 보세요.

 은성: (기대하는 말투로) 다음 시간에 회장 선거한대.

 도준: 회장으로 추천할 사람 생각해 봤어?

 은성: 나는 정민이가 좋을 것 같아.

 도준: (이상하다는 표정으로) 정민이는 조용한 아이잖아.

 은성: 하지만 결정도 잘하고 다른 친구들도 잘 도와줘.

 도준: 맞아. 청소 시간에도 열심히 하더라.

빈칸을 채워서 대본을 말해 보세요.

나: (_____) 올해는 누가 회장이 될까?

친구: 나도 궁금해. _____?

나: 글쎄, 나는 우정이를 추천할 거야.

친구: 우정이는 어떤 아이인데?

나: _____.

친구: 그렇구나. 나도 생각해 봐야겠다.

만약에 이런 일이

만약에 이런 일이 일어난다면 나는 어떻게 할까요?

다음 상황을 읽고 빈칸을 채워서 문장을 만들어 읽어 보세요.

반장이 된 친구가 잘난 체를 많이 해요.
자기는 멋있으니까 반장이 되었다고 자랑했어요.

그러면 나는 ＿＿＿＿＿＿＿ 생각이 날 것 같아요.

＿＿＿＿＿＿＿ 기분이 들 것 같아요.

그리고 나는 ＿＿＿＿ 표정으로 "＿＿＿＿＿＿＿"라고 말할 거예요.

그리고 이런 행동을 할 거예요. ＿＿＿＿＿＿＿

배운 내용을 생각하며 만화 내용을 채워 보세요.

정답 및 쉬어 가는 페이지

배운 내용을 생각하며 생각나는 대로 낙서해 보세요.

48쪽 문제 1번: O, O, X, X, X, X, X, O(개인에 따라 다를 수 있음)

49쪽 문제 2번: ④ 저는 예리를 추천합니다. 예리는(후략)

회장이 되고 싶어요

예리는 주원이의 추천을 받아서

회장 후보가 되었어요.

예리는 정말 회장이 되고 싶어요.

회장 후보는 예리 말고도 두 명이나 더 있어요.

회장은 반 친구들의 투표를 통해서 뽑히게 돼요.

그래서 예리가 회장이 되려면

두 친구보다 더 많은 표를 받아야 해요.

선생님은 회장 후보들에게 앞으로 나와서

회장이 된다면 어떻게 할 것인지 각오를 이야기하는

회장 후보 연설을 하라고 하셨어요.

다음 만화를 읽고 빈 말풍선을 채워 보세요.

문제 풀기

만화 내용을 기억하며 다음 질문에 답해 보세요.

1. 예꿈이는 회장이 되고 싶지 않아요. 회장 후보 각오 발표에서 뭐라고 말하는 것이 가장 좋을까요?

① 나보다는 다른 친구가 회장이 되었으면 좋겠어.

② 회장이 되면 열심히 할게!

③ 회장 따위는 정말 시시해.

④ 우리 모두 열심히 독서를 하자!

⑤ 나는 예꿈이야. 친하게 지내자.

1-1. 정답이 아닌 네 가지 말은 왜 옳지 않은지 이유를 말해 보세요.

1-2. 내가 예꿈이라면 어떻게 말을 할지 적어 보세요.

2. 예리는 회장이 되고 싶어요. 친구들이 예리를 회장으로 뽑도록 하려면 예리는 어떻게 말하는 것이 가장 좋을까요?

① 예꿈이는 회장이 하기 싫대.

② 나랑 친해지고 싶은 사람?

③ 내가 회장이 돼서 정말 기뻐.

④ 내가 회장이 되면 우리 반을 위해서 열심히 노력할게.

⑤ 나 안 뽑으면 모두 때려줄 거야.

2-1. 정답이 아닌 네 가지 말은 왜 옳지 않은지 이유를 말해 보세요.

2-2. 내가 예리라면 어떻게 말할까요?

3. 친구들은 지은이의 후보 연설을 듣고 막 웃었어요. 결국 지은이는 회장이 되지 못했어요. 친구들이 웃은 이유는 무엇일까요?

① 지은이가 거짓말을 해서

② 백만 원을 받고 싶어서

③ 남북통일이 되는 것이 싫어서

④ 지은이가 너무 힘들까 봐

⑤ 지은이보다 예리가 좋아서

생각 더하기

만화의 내용들을 회상하며 생각을 키워 봅시다.

1. 아래의 단어들을 넣어서 회장을 추천하는 이야기를 다시 말해 보세요. 이야기에
   사용한 단어에는 X표를 해 보세요. 다 했다면 이야기를 요약하여 다시 써 보세요.

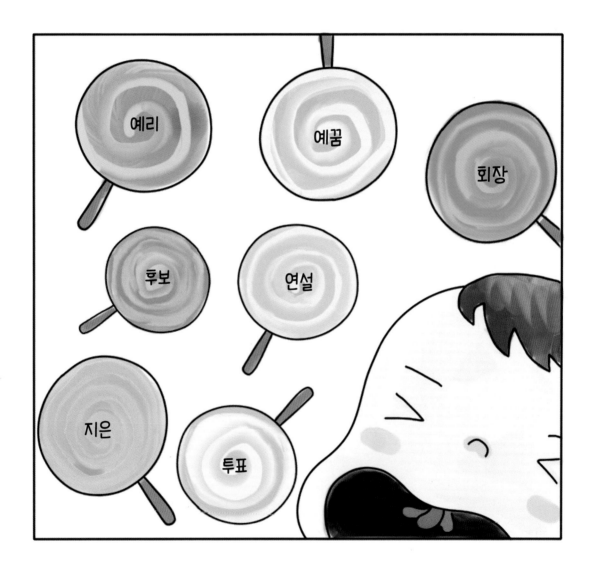

62

2. 학급에서 회장 선거하는 날을 생각해 보면서 다음 질문에 답해 보세요.

1) 회장 후보는 왜 자신의 각오를 친구들에게 말하나요?

----

2) 내가 회장으로 추천 받으면 좋은 점은 무엇인가요? 싫거나 걱정되는 점은 무엇인가요?

----

3) 내가 회장이 되고 싶을 때 학급 친구들에게 할 수 있는 이야기를 생각해 보세요. 또는 친구가 회장 연설을 한 내용을 생각해 보세요.

----

4) 회장 선거를 해 본 적이 있나요? 기억에 남는 일을 말해 보세요.

체크해 보세요

회장은 이런 일을 해요.

회장은 어떤 일을 할까요? 다음 보기들을 보고 회장이해야할 일이라면 빈칸에 O를, 아니라고 생각한다면 X를 해 보세요. 정답은 없으니 내 생각을 솔직히 표현해 봐요.

왕따 당하는 친구가 없도록 친구들과 사이좋게 지내요.	
우리 반이 가장 힘이 세도록 다른 반 회장과 싸워요.	
몸이 아픈 친구 대신 청소를 해 줘요.	
선생님께 누가 떠들었는지 또는 지각했는지 자세하게 알려 줘요.	
점심시간에 제일 먼저 밥을 먹어요.	
친구들에게 맛있는 것을 많이 사줘요.	
세계 평화를 위해 열심히 일해요.	
운동회 때 우리 반이 1등을 하자고 열심히 응원해요.	
선생님이 보는 앞에서만 봉사 활동을 열심히 해요.	
공부 못하는 친구들의 숙제를 대신 해 줘요.	
깨끗한 교실을 만들기 위해서 친구들에게 계속 청소를 시켜요.	
친구들이 불편해하는 것들을 선생님께 말해 줘요.	

한 걸음 더

다음 친구들의 이야기를 들어 보세요.

나는 회장이 공부를 잘하는 것이 매우 중요하다고 생각해! 왜냐하면 우리 반 친구들이 모두 공부를 잘하게 만들어 줄 수 있으니까. 그래서 회장은 반 친구들에게 어려운 문제를 풀어 주고, 공부 못하는 친구를 도와줘야 해!

나는 공부 잘하는 반보다는 사이좋은 반이 되었으면 좋겠어! 그래서 회장은 따돌림을 당하는 친구들과 같이 놀아 주고, 친구들끼리 싸움이 나면 화해시켜 주는 것이 가장 중요하다고 생각해!

사람은 누구나 다른 생각을
가지고 있어요. 우리 반 친구들도 그래요!
그래서 회장이 어떤 일을 했을 때
잘했다고 생각하는 친구도 있고
못했다고 생각하는 친구도 있어요.
회장의 역할에 대한 의견도 모두 다를 수 있어요.
그렇기 때문에 우리는 회장이 어떤 역할을 했을 때
무조건 찬성하거나 무조건 비난하기보다는
신중한 태도를 갖는 것이 중요해요.

역할극 대본

대본을 읽고 내가 배우가 된 것처럼 말해 보세요.

 한빛: 나 회장 되고 싶어.

 수현: 회장 후보로 추천 받으면 뭐라고 말 할 거야?

 한빛: (자신 있는 목소리로) 서로 사이좋은 반이 될 수 있게 노력하겠다고 할 거야.

 수현: 너는 친절하니까 잘 할 수 있을 것 같아.

 한빛: 왕따 당하는 친구가 있으면 안 돼.

 수현: 맞아! 나는 너를 뽑을게.

빈칸을 채워서 대본을 말해 보세요.

나: _____.

친구: 왜 회장이 되고 싶은데?

나: _____.

친구: 멋있다. 그런 반이 되면 좋겠다.

나: 맞아! 그러니까 나를 뽑아 줘.

친구: _____.

만약에 이런 일이

만약에 이런 일이 일어난다면 나는 어떻게 할까요?

다음 상황을 읽고 빈칸을 채워서 문장을 만들어 읽어 보세요.

평소에 나를 괴롭히고 때리던 친구가 반장 선거에 나왔어요.
친구가 나에게 자기를 꼭 뽑아 달라고 말했어요.

그러면 나는 ＿＿＿＿＿＿＿＿＿ 생각이 날 것 같아요.

＿＿＿＿＿＿＿＿＿ 기분이 들 것 같아요.

그리고 나는 ＿＿＿＿ 표정으로 " ＿＿＿＿＿＿＿＿＿ "라고 말할 거예요.

그리고 이런 행동을 할 거예요. ＿＿＿＿＿＿＿＿＿＿＿

배운 내용을 생각하며 만화 내용을 채워 보세요.

정답 및 쉬어 가는 페이지

내가 회장이 된다면 어떻게 할 것인지 연설문을 써 보세요.

안녕? 나를 회장 후보로 뽑아 줘서 정말 고마워.

내가 회장이 된다면

60쪽 문제 1번: ① 나보다는 다른 친구가 회장이(후략)

61쪽 문제 2번: ④ 내가 회장이 되면 우리 반을 위해서(후략)

61쪽 문제 3번: ① 지은이가 거짓말을 해서

저 자

이화여자대학교 대학원에서 언어병리학을 전공하였고, 현재는 임상에서 언어발달에 어려움을 겪고 있는 아동들을 만나고 있습니다. 아이들의 사회성과 화용언어에 특별한 관심을 가지고 연구하고 있습니다.

최소영

이화여자대학교 대학원에서 언어병리학을 전공하였습니다. 모든 아이들이 건강하게, 자유롭게, 행복하게 의사소통할 수 있는 세상을 소망하며, 의사소통에 어려움을 겪는 아이들을 교육하고 연구하는 일에 힘쓰고 있습니다.

허은경

공동저서로 『사회성을 길러주는 우리아이 언어치료』(김재리 · 조아라 · 최소영 · 허은경), 『어휘력을 길러주는 우리아이 언어학습』(김재리 · 최소영 · 허은경), 『사회적 상황추론 카드』(허은경 · 김재리 · 최소영), 『또박또박 재잘재잘 이야기 발음카드』(김재리 · 최소영 · 허은경)가 있으며, 언어치료사들과 부모님들의 나눔터인 예꿈카페를 운영하고 있습니다.

http://cafe.naver.com/jdreamchildren

손인형

손인형

가위로 오려서 사용해요

☐ _____

☐ _____

☐ _____

☐ _____

☐ _____

☐ _____

만화로 배우는

사회성 쑥쑥 화용언어 치료 2

초판 1쇄 발행 2015년 03월 27일
개정판 9쇄 발행 2024년 04월 30일

지은이 최소영 · 허은경
발행인 채종준

출판총괄 박능원
편집장 지성영
책임편집 이강임 · 신수빈
디자인 홍은표
마케팅 문선영 · 전예리
전자책 정담자리

브랜드 이담북스
주소 경기도 파주시 회동길 230 (문발동)
문의 ksibook13@kstudy.com

발행처 한국학술정보(주)
출판신고 2003년 9월 25일 제406-2003-000012호

ISBN 979-11-6603-365-0 14370
       979-11-6603-363-6 14370 (전5권)